2315

LE TEMPLE
DES VERTUS,

DIVERTISSEMENT EN MUSIQUE,

CHANTE'

Devant fon Alteffe Sereniffime MADAME LA
PRINCESSE DE CONTI, Doüairiere,
à Fontainebleau, le   Octobre 1700.

A PARIS,

Par CHRISTOPHE BALLARD, feul Imprimeur
du Roy pour la Mufique, ruë Saint Jean
de Beauvais, au Mont-Parnaffe.

M. DCC.

Cheron

A SON ALTESSE

SERENISSIME

MADAME LA PRINCESSE
DE CONTI,

Doüairiere.

SONNET.

Quelle autre qu'à vous, vertueuse PRINCESSE,
Pourrois-je confacrer ce Temple des Vertus ?
De raviffants attraits ornent vôtre fageffe,
Et par vôtre bonté vous l'ornez encor plus.

De Junon, de Pallas vous avez l'air, l'addreffe,
Vous vivez en Diane & charmez en Venus ;
Vit-on jamais d'objet caufer plus de tendreffe,
Et par de plus beaux yeux plus de grands Rois vaincus ?

Prudente, genereufe, & difcrette & fincere,
Le cœur grand, l'efprit doux, pour Vous feule fevere,
Qui parle des Vertus, parle aufli-tôt de Vous.

En vain pour l'empêcher vôtre foin eft extrême,
Vôtre œil modefte en vain s'arme d'un fier courroux,
Il faut que l'on Vous loüe, il faut que l'on Vous aime.

C. J. B. CHERON.

A SON ALTESSE SERENISSIME
MADAME LA PRINCESSE DE CONTI,
DOUAIRIERE.

MADRIGAL IN PROMPTU.

E ſçay que de chez Vous la loüange eſt excluſe,
Mais, PRINCESSE, en ces vers, qui dira
que j'en uſe ?
Je n'y puis paroître flatteur.
Si l'on trouve que je m'abuſe,
Ce n'eſt que pour avoir d'un ton inferieur
De Vos rares Vertus celebré la grandeur.
Si pourtant Vôtre Eſprit trop modeſte m'accuſe
D'avoir oſé choiſir ce ſujet à ma muſe,
J'ay dans luy-même un protecteur
Qui ſçaura tirer mon excuſe
De la bonté de Vôtre cœur.
Ce ſeroit outrer la rigueur,
Que de vouloir par modeſtie
Dérober à la Poëſie
Un ſujet favorable aux Vers d'un jeune Auteur.

C. J. B. CHERON.

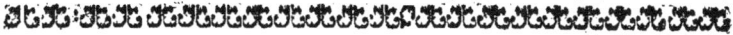

PERSONNAGES.

LA BONTE'.
  Troupe des Vertus.

LA SAGESSE.

LA PRUDENCE.

L'AMOUR.

Troupe des Amours.

Troupes d'Affriquains & d'Ameriquains.

LA DOUCEUR.

LE SOLEIL.

LA RENOMME'E.

Troupes de peuples suivans la Renommée.

Troupe des Divinitez Celestes.

La Scene est dans le Temple des Vertus.

LE TEMPLE
DES VERTUS,
DIVERTISSEMENT EN MUSIQUE.

SCENE PREMIERE.
LA BONTE', CHOEUR DES VERTUS,
LA PRUDENCE, LA SAGESSE.

LA BONTE'.

Nous devons en ce jour placer dans nôtre Temple,
     La Princesse que nous aimons ;
De toutes les vertus Elle seule est l'exemple,
Et fait part aux mortels de nos plus rares dons.

CHOEUR DES VERTUS.

Nous devons en ce jour placer dans nôtre Temple
La Princeße que nous aimons ;
De toutes les vertus Elle ſeule eſt l'exemple,
Et fait part aux mortels de nos plus rares dons

LA BONTE'.

Qu'avec ardeur chacune nous réponde,
Ornons ces lieux de mille fleurs,
Qu'Apollon même nous ſeconde,
Que ſa Lire animant nos Chœurs,
Donne à nos voix de nouvelles douceurs.

CHOEUR DES VERTUS.

Qu'avec ardeur chacune nous réponde,
Ornons ces lieux de mille fleurs,
Qu'Appollon même nous ſeconde,
Que ſa Lire animant nos Chœurs,
Donne à nos voix de nouvelles douceurs.

LA BONTE'.

Mortels, quand un deſtin trop rigoureux vous preße,
Ou de vôtre bonheur vient terminer le cours,
En vain aux Cieux vôtre plainte s'addreße,
Pour implorer mon ſecours.
Je ſuis toûjours
Dans le cœur genereux de l'auguſte Princeße,
Qui joint avec moy la ſageße.

LA PRUDENCE

DIVERTISSEMENT.

LA PRUDENCE.

Elle est de mes Conseils.

LA SAGESSE.

Elle est de mes tresors.

LA SAGESSE & LA PRUDENCE.

La depositaire fidelle ;
Rien ne resiste à mes efforts,
Quand mes traits sont conduits par elle.

L'Amour aprés avoir entendu le recit des Vertus,
s'approche avec sa suite.

LA SAGESSE.

Mais que vois-je ? l'Amour se mêle dans nos jeux.

SCENE SECONDE.

LA SAGESSE, L'AMOUR,
Suite de L'Amour.

L'AMOUR.

NE vous allarmez point, trop severe Sageſſe,
Je ne viens point troubler ſon repos par mes feux,
Vôtre belle Princeſſe
Sçaura toûjours nous accorder tous deux.

Je reſpecte ſon cœur, je borne ma puiſſance
A vaincre par ſes yeux
Les mortels & les Dieux,
Rien ne peut m'obliger d'y garder le ſilence.

Non, non, malgré vos ſoins, je ne ceſſeray pas
D'enchaîner avec moy mille amants ſur ſes pas.

CHOEUR DES AMOURS.

Non, non, malgré vos ſoins, nous ne ceſſerons pas
D'enchaîner avec nous mille amants ſur ſes pas.

━━━━━━━━━━━━━━━━━━━━━━━━━━━━

SCENE TROISIEME.

LA SAGESSE, L'AMOUR, LA DOUCEUR,
LA PRUDENCE, Troupe des Vertus,
Troupe des Amours, Troupe d'Affriquains
& d'Ameriquains.

L'AMOUR.

CEs fameux Etrangers viennent luy rendre hom-
　　mage
　　　　Et presenter à son choix
　　　　Les Sceptres de leurs Rois.
　　　C'est sa beauté qui les engage
　　　　A vivre sous mes Loix :
Sans elle ils n'auroient pû souffrir mon esclavage.

CHOEUR d'Affriquains & d'Ameriquains.

Le bruit de ses vertus vole dans nos climats,
Nos Rois sont enchantez par ses divins appas.

Les Ameriquains, les Affriquains & les Amours excitent
par leurs dances les Vertus à se joindre avec eux, &
à rendre la fête plus galante.

LA DOUCEUR.

Souffrons dans nos cœurs la tendresse,
Mais moderons toûjours ses feux ;
Lors qu'à l'Amour nous joignons la Sagesse,
Les vrais amants en sont plus amoureux.

CHOEUR des Vertus, des Amours, des Affriquains
& des Ameriquains.

Souffrons dans nos cœurs la tendreſſe ;
Mais moderons toûjours ſes feux ;
Lors qu'à l'Amour nous joignons la Sageſſe ,
Les vrais amants en ſont plus amoureux.

Second Couplet.
LA DOUCEUR.

Pour charmer une beauté fiére ,
Le merite a ſeul des attraits ;
Un tendre feu pour quelque temps peut plaire ,
Mais le merite engage pour jamais.

LE CHOEUR.

Pour charmer une beauté fiére ,
Le merite a ſeul des attraits ;
Un tendre feu pour quelque temps peut plaire ,
Mais le merite engage pour jamais.

LA PRUDENCE.

Que ſert-il d'être rebelles ,
Et d'éviter un tendre amant ?
Un Dieu qui porte des aîles ,
Nous pourſuit trop aisément ;
Un Dieu qui porte des aîles ,
Se rit de l'éloignement.

LE CHOEUR.

Que sert-il d'être rebelles,
Et d'éviter un tendre amant?
Un Dieu qui porte des aîles,
Nous poursuit trop aisément;
Un Dieu qui porte des aîles,
Se rit de l'éloignement.

Second Couplet.

LA PRUDENCE.

Quand les amants sont fideles,
En vain l'on fuit l'engagement:
Un Dieu qui porte des aîles,
Nous poursuit trop aisément;
Un Dieu qui porte des aîles
Se rit de l'éloignement.

LE CHOEUR.

Quand les Amants sont fidelles,
En vain l'on fuit l'engagement:
Un Dieu qui porte des aîles
Nous poursuit trop aisément;
Un Dieu qui porte des aîles,
Se rit de l'éloignement.

* ❈ *

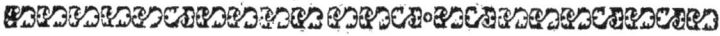

SCENE QUATRIEME.

Troupe des Vertus, L'AMOUR, Suite del'Amour,
Troupe d'Affriquains & d'Ameriquains,
LE SOLEIL.

LE SOLEIL.

Un portrait de fon Altefse Serenifsime luy a fait rendre des honneurs divins par un peuple de l'Amerique qui reconnoît le Soleil pour fon Dieu tutelaire.

QUoy fans ceffe le Dieu des climats de l'Aurore
Qui doit être le feul qu'en ces lieux on adore
Verra cette beauté partager fon encens ?
Faut-il icy qu'on la revere encore ?
Ah! n'eft-ce point affez qu'en mon Temple on l'implore
Dans les befoins les plus preffans ?
Je ne puis empêcher qu'un fi fenfible outrage
Ne m'arrache en ce jour ces douloureux accens.
Les feuls attraits de fon Image
Font plus d'effet fur ce peuple fauvage
Que la grandeur d'un Dieu des plus puiffans.

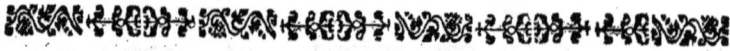

SCENE CINQUIE'ME.
LA DOUCEUR, L'AMOUR, LE SOLEIL,
CHOEUR des Vertus.

LA DOUCEUR au SOLEIL.

NE soyez point jaloux d'avoir une rivale,
Dont on connoît par tout les appas, les bontez ;
Les plus grandes Divinitez
Se font honneur de l'avoir pour égale ,
Et mille Rois brûlent pour ses beautez.

L'AMOUR au SOLEIL.

Prenez part avec nous à ces augustes Fêtes ,
Appollon n'est pas plus que le vainqueur des Dieux :
Je suis forcé de voir mes plus grandes conquêtes
Dépendre du pouvoir que me donnent ses yeux.

Les Vertus reprennent le second Chœur.

LE CHOEUR.

Qu'avec ardeur chacune nous réponde ,
Ornons ces lieux de mille fleurs ;
Qu'Appollon même nous seconde ,
Que sa Lire animant nos Chœurs ,
Donne à nos voix de nouvelles douceurs.

SCENE SIXIEME.

LA RENOMME'E, Troupe des Vertus, l'AMOVR, Suite de l'Amour, CHOEUR des Divinitez celestes, CHOEUR de peuples, Suite de la Renommée.

LA RENOMME'E.

LEs Dieux pour la rendre immortelle,
S'unissent en ce jour ;
Sa vertu rend déja sa memoire éternelle ;
Le celeste sejour
N'a point d'objets plus charmants qu'elle.

CHOEUR des Divinitez Celestes.

Les Dieux pour la rendre immortelle,
S'unissent en ce jour ;
Sa vertu rend déja sa memoire éternelle ;
Le celeste sejour
N'a point d'objets plus charmants qu'elle.

CHOEUR de Peuples.

Faisons par mille chants éclater en ces lieux
Et nos respects, & nôtre zele ;
Une Divinité nouvelle
Va nous favoriser à jamais dans les Cieux.

FIN.

www.ingramcontent.com/pod-product-compliance
Lightning Source LLC
Chambersburg PA
CBHW061802040426
42447CB00011B/2433